평화의 섬,
독도

평화의 섬, 독도

초판 1쇄 | 2017년 01월 02일

지은이_ 천숙녀
발행인_ 윤승천
발행처_ (주)건강신문사

등록번호_ 제25110-2010-000016호
주소_ 서울특별시 은평구 가좌로 10길 26
전화_ 02-305-6077(대표)
팩스_ 02)305-1436 / 0505)115-6077

잘못된 책은 바꾸어 드립니다.
이 책에 대한 판권은 (주)건강신문사에 있으며,
저작권은 (주)건강신문사와 저자에게 있습니다.
허가없는 무단 인용 및 복제, 복사, 인터넷 게재를 금합니다.

평화의 섬, 독도

건강신문사

시인의 말

한반도의 든든한 뿌리

첫 해맞이 일 번지 떠 올리면 치는 가슴
청정수 퍼 올려도 언제나 목이 말라
끝없는 그리움덩이 어찌해야 삭혀질까
만나면 만날수록 외로움 깊어가고
당기면 당길수록 조여 드는 이 아픔
쓰리고 때론 아프지만 내 사랑의 예쁜 집터.
―「독도 너를 떠올리면」 전문

1946년 1월 14일 최초로 중앙청 건물에 태극기를 게양한 날을 되돌아보았다. 이날을 기리며 '독도전세계나들이'를 구상하였다. 전국을 대상으로 '독도서울나들이'의 행사를 시작으로 멕시코, 쿠바, 독일, 중국, 미국 등으로 전 세계를 향하여 본 행사를 진행하고 있다.

한민족독도사관의 독도나들이는 무력시위가 아닌 평화운동

이다. 테러리즘으로 적을 만들어가는 것이 아니라 우리의 역사를 만들어 한민족의 뿌리에 스며든 평화지향주의를 세계만방에 이끌어 내는 길이다. 공존공영으로 인류생존의 과제를 풀어내는 길을 제시하는 것이다.

'독도 나들이'는 문화예술인들이 앞장서서 한마당 행사를 펼치는 가운데 대한민국의 독도를 자연스럽게 전 세계인들에게 알리는 행사다. 일본의 역사 왜곡을 바로잡고 우리 주권의 침탈에 대응하여 한민족의 우수한 문화예술 정신을 기반으로 '한민족문화예술' 활동을 독도수호국민운동 속으로 접목하고 있다. 독도를 하나의 작은 섬으로만 보는 것이 아니라 대한민국의 '배타적 관할권'인 '영토주권'을 지키는 상징과 함께 홍익인간의 기치旗幟를 내걸고 인류평화의 중심中心으로 세우는 길이다.

일제강점기 일본의 압제 하에 사라져간 한민족의 혼魂을 되살리자. '한민족 독도사관'의 문화예술 행사에 많은 동참과 격려를 바란다. 우리의 '배타적 관할권'인 영토주권을 완전 회복하는데 든든한 주인이 되어주기를 희망하며…

    제 몸뚱이 파 헤쳐 풀뿌리를 감싸 안는 흙을 보았다
    얼마나 눈물겨운 사랑인가
    풀뿌리 악착스레 당겨 뿌리 순 뻗게 하는
    가느다란 실뿌리로 돌 디미를 밀어내는 풀을 보았다

얼마나 갸륵한 사랑인가

흙 한 줌 끌어안은 채 집 한 채 짓고 있는.

─「더하기 곱하기」 전문

제 몸뚱이 파 헤쳐 풀뿌리를 감싸 안는 흙처럼, 더하고 곱해주는 존재가 되기를 소망하며, 시집이 나오기까지 남다른 애정을 쏟아주시며 옥고玉稿를 주신 나래시조 권갑하 회장님께 깊은 감사를 드린다.

인터넷이 무엇인지 전혀 몰랐던 시절, 노트북을 켜놓고 마우스를 사용하는 법부터 시작하여 오늘의 인터넷 위력을 스스로 개척할 수 있도록 길라잡이 역할을 해주신 멘토 신효순님께 힘이 되는 '건강한 인연'이었다고 감사의 마음을 전한다.

서문을 얹어주신 김홍식 회장님께 감사드리며, 경상북도 경찰청장 재임시절에 독도를 직접 지키셨던, 지금은 한민족독도사관 이사장으로 반석이 되어주시는 천기호 작은 아버님께 깊은 감사를 드린다. 그리고 행사 때마다 동참해주시는 자문위원님들과 추진위원님들, 또한 재능 도네이션donation으로 문화예술행사에 기꺼이 동참해주시는 문화예술인 작가님들께 감사함을 전한다.

20여년 변함없이 한민족독도사관 독도수호활동에 늘 함께하는 이청경 연구위원장께 감사드린다. 그리고 묵묵히 지켜봐주는 소중한 가족들과, 한민족독도사관 사무국의 행정을 맡아 오다가 소중한 배필을 만나 아름다운 가정을 엮어가고 있는 이은실

실장에게도 고마운 마음을 전한다.

끝으로 AT센터 책임 CEO 본부장 퇴임후 독도사관의 사무총장으로 사회운동에 동참하여 주신 천홍범 오빠께도 감사함을 전한다.

2017년 01월

천숙녀

서문

내가 만난 천숙녀 시인
김홍식

내가 천 시인을 처음 만났을 때는 2004년 12월 말경이었다.

대한민국 디지털신경망을 구축해 보겠다고 잘나가던 대기업 CEO를 내려놓고 벤처에 투신한지 만 2년이 넘었을 때다.

디지털 신경망의 한 부분인 '전자가정e—home'을 분양하는 회사와 제휴를 했다. 천 시인은 바로 그 회사의 직원으로 전자가정을 분양하는 업무를 맡고 있었던 것이다.

그 해 12월 분양업무를 담당하는 그 회사에서 이벤트를 실시했다. 직원들 중에서 분양을 가장 많이 한 직원을 뽑아 대규모 시상 이벤트를 벌인 것이다. 그녀는 월말 시상식에서 당당히 일등을 했다. 한 달 만에 300가구를 분양시킨 것이다. 한 가구에 10만원씩을 받았으니 3,000만원의 매출을 한달 만에 혼자서 올린 것이다.

그녀는 직원들 중에서 스타가 되었고 나에게까지 그 소식이

알려졌다. 나는 그녀가 보고 싶어졌다. 누군가가 시인이라고 했다. 어느 날 제휴회사의 임원들과 함께 그녀는 우리회사를 방문했다. 그녀와 처음으로 대면하는 날이었다. 안경을 쓰고 있었지만, 얼굴은 아주 온화하고 편안한 인상을 주었다.

그런데 이게 왠 일인가?

그녀의 가슴을 본 순간, 용광로와 같이 뜨겁게 활활 타고 있는 불길이 내 눈에 보였던 것이다. 결국 저 가슴속에서 타고 있는 불길이 그녀로 하여금 이벤트에서 일등을 하게 만든 주인공이었던 것이다.

그녀는 풀꽃시인이라고 했다. 지금도 그 때를 잊을 수 없다. 나에게 행운의 네 잎 클로버를 정성스럽게 담아 선물해주었다. 지금도 나는 그 네 잎 클로버를 보물처럼 내 책상 앞에 두고 있다.

그 이후 그녀가 독도 시인이며, 한 일 어업협정파기선언을 촉구하며 거리에서 독도 시를 낭송하며 250만명의 서명을 이끌어 냈다는 사실도 알았다잡지에 게재된 기사를 보았다.

나는 그 이후 그녀를 ehome회사에 자주 불렀고 만날 때마다 가슴속에 있는 불길에 관심이 갔다. 그러나 저 불길이 무슨 불길인지 알 수가 없었던 것이다.

나는 그녀를 좀더 가까이 두고 싶어졌다. 전자가정을 분양하는 자회사를 하나 만들고 나는 그녀를 대표이사에 임명했다. 회사를 경영해 본 경험이 전혀 없었던 그녀를 하루아침에 CEO로 앉혔으니 주위에서 반대의 목소리도 있었다.

나는 그녀의 가슴속에 있는 알 수 없는 불길이 CEO직을 훌륭히 수행할 것이라고 나름대로 확신을 했던 것이다. 그래서 반대의 소리에도 전혀 개의치 않았다. 그녀는 많은 우려에도 불구하고 회사를 잘도 이끌어 갔다. 그녀의 가슴속 불길이 요원의 불길처럼 번져나가는 것이 보였다.

그 이후 어느 날 나는 그녀가 쓴 독도 시를 몇 번이고 읽어 볼 기회가 생겼다. 그 시를 읽고서야 나는 드디어 그 불길의 정체를 알 수 있었다. 그 불길은 놀랍게도 우리 한 민족의 〈국혼의 불길〉이었던 것이다.

한 민족의 혼맥魂脈을 지켜온 선조들에게 물려받은 소중한 불길, 그 불길이 독도 시로 승화되어 나타난 것이다. 그 시는 결코 독도란 섬을 지키기 위해 쓴 단순한 시詩가 더 이상 아니었다.

그녀는 지금 한민족독도사관의 관장을 맡고 있다. 일상이 되어버린 독도수호활동에 최선을 다하고 있다. 독도란 섬을 두고 지금도 그녀는 국혼을 지키기 위해 여기저기 선조들의 명령이 담긴 독도 시를 낭송하며 전국을 다니고 있다. 가슴속에 가득한 혼魂불을 여기저기 지피고 있는 것이다. 무엇엔가 정신이 홀린 사람처럼…

독도문제가 해결되지 않고서는 그녀의 가슴속 불길이 영원히 꺼지지 않을 것 같다는 나만의 생각은 과장된 것일까? 그녀는 국혼을 지키는 사명자였다.

- 삼성비서실 정보팀장
- 한솔 CSN 대표
- 99년~2001년 '대한민국 e—business대상' 2년 연속 수상, 2001년 우수상 수상.
- 99년~2001년 '대한민국 전자상거래 대상' 3년 연속 수상.
- 99년~2001년 능률협회 '대한민국 인터넷 대상' 2년 연속 수상,일년 최우수상 수상.
- 2000년~2001년, 정통부 주관 '대한민국 디지털 대상' 2년 연속 수상.
- 2000년 10월 전자상거래 개인공로상 수상(한국커머스넷)
- 2000년 한국일보 '21세기 한국을 움직이는 21인' 선정
- 99년 한국 최초로 철도복화 공로로 '철탑산업훈장' 수상
- 한국능률협회 인터넷 위원장 8년 역임, 산자부 소속 e—trust 협의회 회장 7년 역임
- 주식회사 이홈(ehome) 회장

차례

시인의 말 한반도의 든든한 뿌리 • 4
서문 내가 만난 천숙녀 시인 • 8

평화의 섬, 독도

독도, 너를 떠올리면 • 19
평화의 섬, 독도 • 20
그 먼 돌섬에는 • 24
독도 —빛의 날개 • 27
독도—사랑탑 • 29
독도—실핏줄 • 30
독도—빛 • 31
독도—안부 • 32
독도—별 • 33
독도—혼魂 • 34
독도 의용수비대원 33인의 아버지 • 35
영원한 독도인 '최종덕'옹 • 38

우우수지나 경칩되니

수만 년 겨레의 빛 될 지성의 인중 ● 43

건강한 인연 ● 44

중심中心 ● 45

향香이 되어 ● 46

실바람 ● 48

점촌역 ● 49

우수지나 경칩 되니 ● 50

들풀 1 ● 51

들풀 2 ● 53

봄볕 ● 54

간간이 ● 55

sky 콩콩 ● 56

묻어야지 씨앗 ● 57

봄 ● 58

연鳶 ● 59

나, 이제 ● 60

목련 지는 밤 ● 61

산수유 피던 날에 ● 62

펼쳐라, 꿈

뜨겁게 풀무질 해주는 ● 65

펼쳐라, 꿈 ● 66

빛, 문을 향하여 ● 67

숙녀 1 ● 68

숙녀 2 ● 69

간밤엔 ● 70

키워라, 그득하게 ● 71

다시 한 번 ● 73

빈터 ● 74

우리 사랑 ● 75

오늘도 ● 76

숙녀야! ● 77

삼월 ● 79

거울앞에서

가을 ● 83

가을산책 ● 84

가을 산 ● 85

옛집 ● 86

아버지 ● 87

어머니 ● 88

부암富岩—아호 ● 89

이지향李枝香 ● 90

그제는 ● 91

꿈 ● 92

세월 1 ● 94

세월 2 ● 95

까닭 1 ● 96

까닭 2 ● 97

폭우 ● 99

거울 앞에서 ● 100

보물1호, 숨터

이제 서야 ● 103

나목裸木 ● 104

일주문一柱門 ● 106

더하기 곱하기 ● 107

2월 엽서 1 ● 108

2월 엽서 2 ● 109

겨울 풍경 ● 110

고사리 ● 111

청국장 ● 112

장날 ● 113

지금은 생리불순, 그러나 ● 114

비무장 지대 ● 115

견뎌봐, 시인의 가슴으로 ● 117

국민 문화유산 보물1호 ● 118

강원정도江原定都 600年 ● 120

한 해를 보내며A-dieu ● 121

연하장을 띄웁니다 ● 122

해설 아름다운 다가섬의 미학 •123
축하의 글 풀꽃시인 천숙녀, 독도시인 천숙녀 •140

평화의 섬, 독도

독도, 너를 떠올리면

첫 해맞이 일 번지 떠 올리면 치는 가슴
청정수 퍼 올려도 언제나 목이 말라
끝없는 그리움덩이 어찌해야 삭혀질까

만나면 만날수록 외로움 깊어가고
당기면 당길수록 조여 드는 이 아픔
쓰리고 때론 아프지만 내 사랑의 예쁜 집터.

평화의 섬, 독도

너!
커다란 불덩어리로 우뚝 솟더니
망망의 바다 천고의 풍랑 속에 깊이깊이 두발 딛고
민족의 자존自尊을 지켜주는 혼魂불 되어
한반도의 든든한 뿌리로 버티고 섰구나
홀로이지만 홀로가 아닌, 의젓하고 분명한 너의 실체
영원부터 영원까지 함께할 우리의 전부인데
솔개 되어 노리는 저 건너편 섬나라는
네 영혼 멸살滅殺하려는 망언妄言들 끝없구나
그들은
독도인 너를 보고 죽도竹島라 억지 쓰며
바다 밑 뿌리로 이어진 맥脈을 도끼질 하고 있다
숯덩이 같은 마음들이 너를 탐하고 있는 거다

그러나 독도야!

저 푸른 융단 아래로 두 다리 뻗거라
백두대간 혈맥血脈을 따라 성인봉 체온이
네 혈血에 닿아 있다
한반도의 흑진주 빛남으로 태어나라
다시 태어나라
수 천 년 왜구 침탈侵奪에 뻥뻥 뚫린 숱한 가슴
헐고 상한 네 핏줄의 섬
이 땅의 바람막이로 피골상접 한 너를

이제 외로운 한 점의 섬, 섬으로 두지 않겠다
내버려두지 않겠다

붉게 붉게 용솟음치는 망망대해 살붙이로
등줄기 쓰담으며 숱한 선열先烈들의 희생 탑 아래
의용수비대 사투死鬪로 다시 서겠다
저 밤낮없이 자맥질하는 물보라를 보라
뭍을 향해 손짓하는 우리 모두의 피붙이를…
저기 동도東島와 서도西島 사이
진홍의 해가 이글이글 솟는다
보아라
한반도의 우리들은 너를 보며 꿈을 꾼다
수 천년 수 만년 이어 갈 역사의 안위를 배운다
절절 끓어 넘치는 용광로 사랑
나라사랑을 배운다
이제 우리 모두
참된 의미의 국권이 무엇인지 돌아보리라

태평양을 지향하는 최 일선의 보고寶庫인 너
기상氣像과 희망希望을 심어주는
대대손손 독도 너를
영원까지 메고 가야 할 우리 몫의 자존自尊임을
생존生存이고 희망希望임을 잊지 않겠다
한반도에 흐르는 냉기류冷氣流를 걷으리라
한반도의 첫 해맞이 곳 너 일 번지를
우리 정신精神의 모태인 너 그 이름 독도를
우리 민족의 가슴에 깃발 내 걸겠다
깃발 펄럭이겠다.

그 먼 돌섬에는

풀 한 포기 자라고 있지
씨알 하나 부화되고 있지
어둠 내리던 깊은 밤 지난 뒤 동트는 아침
아침 햇살
풀잎 위에 씨알 위에 가장 먼저 비추지
날 마다 새로운 숨결로
낭랑한 목청 돋우며 살아 삶의 노래 부르지

때로는
여기저기 날아드는 독화살 눈총에도
풀 한 포기 씨알 하나 가시 돋친 고통쯤은
잘도 참아 내더군
꽃 대궁 피워 올린 싱싱한 풀 한 포기
실한 꽃 피웠더군
꽃망울 또한 터지더니 향기로운 꽃이었어
씨알 하나 동해에 부화되어 하늘을 날고 있어
괭이갈매기로 날고 있어

그 먼 돌섬에는
오늘도 달려드는 이웃 나라 헛소리
끊임없이 윙윙거려
철석 철 석 따귀 몇 대 갈기느라 웅성거렸어
느닷없이 들이대는 시퍼런 칼날 외풍에겐
태풍을 일으켜 거센 파고 높이로
탐욕의 몰골 억지까지도 송두리째 뽑아 올려
되 받아 치곤 하더군

나!
너희 억지에 구멍 뻥뻥 뚫렸어도
하얗게 질려 피멍이 들었어도
풍향에 살갗 비벼 등불 밝혀 왔거늘
흔들리지 않아
오늘의 이 정도쯤 아무렇지도 않아
내 뿌리 깊숙이 내려 한반도 지켜가는
안 마을 동구洞口 외등 될 거야
고요히 물러나 관망하는 붙박이별
동해의 푸른 파수꾼 될 거야
파수꾼이 될 거야

독도
―빛의 날개

    수억 광년 먼 곳에서 달려온 빛의 날개
    함께 살자 몸 부비며
    손끝을 간지른다
    묵묵히 시린 가슴 기대어 까만 밤 쯤 견뎌야하는.

독도
—사랑탑

동틀 녘 해오름 보라
아우르는 사랑 탑
손잡고 마주 앉아 숨 멎는 날까지 함께하지
촤르르 키질을 한다
차분한 마음 갈 앉힌다

동천이 홰를 치면 때맞춰 나팔 불고
대한의 등 일으킨다
둥근 마음 등불이다
손 모아 소지를 올린다
울컥, 목이 메인다.

독도
―실핏줄

먼동이 뽀얗게 물드는 새벽이면
반기며 손짓하는 푸른 바다 위 동이 트고
끝없이 밀려온 너울 실핏줄로 돌고 있다

청량한 하늘 아래 두 눈 꼭 감아 보자
노래하지 않아도 맴맴 도는 너의 이름
새날을 굳건히 지켜다오 순백의 파문 동그랗게.

독도
—빛

울적한 마음 밭을 살근살근 간질이며
굳은 몸 녹여준다
붉게 타 올라 뜨끈하다
빛이다
너로 하여 환하다
꿋꿋하게 살 수 있는.

독도
—안부

동트는 맥박 속에

핏줄 새긴 질긴 사랑

깊숙이 내린 뿌리

쪽빛 안부 띄우면서

꿈 인양 하얗게 부서져도

부릅 뜬 눈 감지 마라.

독도
―별

잔물결 달빛바다 반짝이는 별이다
피돌기가 선명하게 또렷하게 살아나는
여명을 들춰 깨워라
씻겨놓은 나이테로.

독도
―혼(魂)

그립다 짓무른 눈 퍼렇게 멍들었다
해지는 저녁이나 낮달 뜬 아침이나
생억지 가위 눌려도
단심 증언 내 혼魂이다.

독도 의용수비대원 33인의 아버지

잊지 않겠습니다
이웃나라 섬나라 일본의 탐욕으로
자기네 영토라며 푯말을 박고 다니던 때

깃발 높이 든 홍순칠 대장
의용수비대를 결성했던 33인 영웅들의 결사
젊은 피 육탄의 불덩이를 동해에 내려놓고
무장 순시선을 박격포로 격퇴시켜
오키호, 헤꾸라호를 물리쳤던 독도 대첩의 날

대한민국의 전부인 평화의 섬, 독도 이름을
33인의 아버지 두 손 위에 얹습니다
동도 암벽에 새겨진 한국령韓國領 표식은
칠천만 가슴 가슴마다에 각인刻印 되었습니다

철썩 철썩
오늘도 들려오는 동해의 카랑한 목소리는

독도를 지켜낸 청년들의 청 푸른 기백임을
민족의 혼魂과 얼이 살아 숨 쉬는 이유는
내 삶의 터전을 스스로 지켜낸 고귀한 역사로
남겨주신 까닭입니다

척박한 바위섬에서 닳아진 손가락 끝
검은 옹이로 박힌 푸른 피 흐름을
얼마나 힘겨웠을지… 잊지 않겠습니다
독도를 지켜가는 것은 국민들의 몫이라고
동그라미 그리며 답을 주셨습니다
국가의 부름 없이도 달려갔던 이름이었기에
더욱 거룩합니다

이제 우리 모두
33인 의용 수비대원의 숭고했던
나라사랑을 뒤 따르겠습니다
온 국민 모두가 느껴야 할 독도임을
손잡고 마주 앉아 숨 멎는 날까지 함께 할 독도임을
동틀 녘 해오름 속 아우르는 사랑 탑으로
한 켜 한 켜 쌓아 올리겠습니다

무릎 꿇어 엎디어
자자손손 달려 나갈 독도 의용수비대원들께
역사를 올립니다
두 손 모아 받듭니다.

영원한 독도인 '최종덕'옹

"내 집이 그립구나, 독도가 그립구나"
짙푸른 동해 가르며 해돋이로 오십니다
환한 빛 영접하려고 빗장을 엽니다

돌이 부서지며 모래가 된 역사의 날
한반도 지켜온 살붙이 쓰담으며
왜구의 탐욕 망발에 혈압 올라 쓰러지셔

쇠기둥 박으며 걸어주신 문패는
독도를 지키라는 숙제의 말씀
한없는 물굽이 속에서 포말로 스칩니다

돌 하나 다칠까 신발까지 벗어들고
별빛 바람 몸 부비며 움막집을 지었어요
역사의 징검 다리 되어 생명 선線 이어가는

섬의 구석 돌아보며 '물골' 샘물 찾아내고

물골로 오르는 998계단 만들면서
죽지엔 너덜너덜한 피고름이 흘렀습니다

동도와 서도 사이 강철선을 설치하고
실선을 귀에 걸어 전화 개통 시키던 날
덕골*집 아랫목 구들은 뜨끈뜨끈 달았습니다

덮쳐왔던 파도 앞에 투지력이 잘렸어도
외로운 바위벽에 들꽃을 심으시며
큼직한 한반도의 댓돌 목숨 걸어 지키셨습니다

카랑한 목청을 동해 바다에 풀어놓고
이 땅의 얼이 되어 한반도의 혼魂이 되어
백두의 큰 줄기 되어 힘차게 서 계십니다.

---

*덕골 / 현재의 어민숙소를 최종덕옹은 덕골이라고 불렀다

우수지나
경칩되니

수만 년 겨레의 빛 될 지성의 인중
—천지일보 창간 4주년

붉은 해 홰치는 자리 두 팔 걷고 서 있더니

다듬이질 방망이로 심장부를 두드렸다

곧추선 등뼈 마디로 중심축을 세웠다

불끈 쥔 두 손으로 평화의 불꽃 지피면서

동방의 나라 해 띄우려 푸른 폐 일렁이며

수 만년 겨레의 빛 될 지성의 인중이다

서릿발 날을 세워 너른 땅에 풀어내며

여명을 들쳐 깨우는 태극의 나팔수

어둠을 떨치고 일어선 누리 환한 천지일보여.

건강한 인연

힘이 되는
당신은
건강한 인연입니다

꿈을 주는
당신은
소중한 인연입니다

한 방울
이슬 같은 인연
생각하면 눈물이 납니다.

중심中心

칼바람
가라앉혀
쇠기둥 세우는 일

푸른 연緣
키워야 할
모태母胎의 어미 무릎

벌겋게
타올라야 할
밑불인 까닭이야.

향香이 되어

훨훨
날 수 있는
자유 하나 얻어서

그대가
머무는 곳
성안을 돌아본다

마주친
눈빛, 그만큼
생살 찢긴 유열愉悅의 꿈.

실바람

누군가
빈방에
물빛 벽지 바르네
두터운 창 가르며 눕는 저 달 모습으로
성심껏 동양화 한 폭 그려주고 있었네

질 긴
목숨 하나
끌고 밀어 당길 때
저무는 언덕에서 불사르는 그대 손길
그리움 화음으로 받쳐 불러주는 노랫소리

하늘을
씻고 닦아
물소리 심겠다
마주 보아 가슴 치는 실바람 이름 얹어
외줄의 쓸쓸한 허기 시詩 한편을 빚겠다.

점촌역

백두는 하늘에 올라 점촌店村 고을 빚었다
동해는 바람 타고 주흘산 치장할 때
세월은 반도를 돌아 관문을 넘나들고

점촌店村 땅에 가득했던 소원 한 필 월광단
관음보살 입가에 핀 미소만큼 빛났었다
천년 송 기다림 속에 피어나던 어사화

솔 향기 품어오는 이우리 재 무지개는
점촌店村 역에 다시 지필 시인들의 조각 별들
레일 위 희망을 싣고 오늘도 내달린다.

우수지나 경칩 되니

봄보다 먼저 내게 시가 되어 안겨왔네
겨드랑이 가렵더니 눈빛 환히 맑아 졌어
각질이 벗겨졌나 봐 세포마다 피가 돌아

봄소식 하나에도 시가 있고 노래 있어
노래하는 여울 되고 춤추는 강물 되어
마침내 바다에서 만나 꽃 울음을 만들겠네

아는 가 예쁜 내님, 나도 그대 시가 되어
그대 향한 궁률한 밤 가슴 치는 뜨거움
해 맑고 건강한 인연 사는 날까지 이어지길.

들풀 1

흙먼지에 지쳐버린
길섶 들풀 질경이

쏟아 붓는 빗줄기에 녹향을 키우더니

어느새
곧추선 몸짓
하늘 가득 일렁이네.

들풀 2

그 누가
들풀에게
연약하다 말을 했나

혈 모으는 저 발가락 생명의 질긴 뿌리

팍팍한
표층을 걷고
일어서는 푸른 숨결.

봄볕

벗은 나무 겨드랑이 스쳐오는 봄볕을 봐
가지마다 도톰도톰 부풀리는 발돋움들
혈血따라 굽이치는 뜻 하늘 향해 두 팔 뻗기
지독히도 설운 가난 볕 반가운 가난이야
싹트는 어린 것들 오싹하게 아프지만
일어서 땅 볼 부비며 너풀너풀 춤사위로.

간간이

보세요 불어오는 거친 저 돌개바람
그 속에도 청정한 물기 서려 있잖아요
다 삭은 나뭇가지에도 윤기 반짝이네요.
천지엔 초록이 더 푸르게 짙어오고
토끼풀 잎들이 그대 앞에 다가서면
행운의 네 잎 클로버 길 환히 열릴 겁니다.

sky 콩콩

한 하늘이 열렸어요
환희로움이에요

꽃피우는 희열 속에
힘이 되고 향기 되고

당신이 건네준 삶의 알파
햇살 가득 개운해요.

묻어야지 씨앗

그래 그래 봄이 왔어
뜨겁게 뭔가 돋아
뿌려주는 씨앗들을 맹렬히 삼키잖아
피톨과 핏줄이 모여 요동치고 있잖아

박토에 뿌린 씨앗
꽃 대궁 피워 올리면
두렁마다 볕살 가득 터지는 콩 꼬투리
못자리 끝난 뒤라도 논두렁콩 굴려 넣자.

봄

새알 몰래 껍질 깨는 꽃 피우는 봄입니다

결빙 푼 양지 녘엔 사금파리 금빛 햇살

지금쯤 그대 뜰에도 움이 트고 있겠지요.

연 鳶

까마득 올랐나 봐 보이지 않는 꿈
하늘 높이 쫓던 기억 얼레에 되감는다
붙박은 댓가지 사이 틈새라도 생겼을까

벌이줄 다시 매어 연줄에 달아 본다
추수 끝낸 초겨울 널찍한 들판에서
다시금 띄워 올리고픈 펴지 못한 나의 꿈.

나, 이제

여태껏 억눌러
안으로만 삭힌 울음

미움은 탈탈 털어
가다듬고 나서리라

눈물길 맑게 지우며
훌훌 털고 떠나리라.

목련 지는 밤

이승의 티끌과 먼지 다 씻어 털어내고
차려 입은 새 흰 옷 순결마저 거추장해
속 옷을 벗어 던지리 첫날밤의 떨림으로

달빛 한 점 닿아도 별빛 한 가닥만 닿아도
터질라 터져 버릴라 눈이 여린 어린 순정
내 가슴 순백의 꽃 한 송이 하늘 위로 솟는다.

산수유 피던 날에

한나절 보슬비에 촉촉이 젖는 맨땅
감은 듯 뜬 눈 사이 봉오리 마구 터뜨려
어둡던 산자락 가득 잔설 녹는 웃음소리
뜻 모를 귓속말은 가슴으로 풀어내며
아지랑이 여울 찍어 옷자락 물들이다
스치는 바람에 그만 살 오르는 그리움.

펼쳐라,
꿈

뜨겁게 풀무질 해주는
―나래시조, 50년에

부유하듯 떠도는 오늘의 흐름 속에
진실의 수맥水脈 찾아 고개를 휘돌다가
한줌의 사유 짚으며 보도블록을 세어본다

씨앗의 파종은 짓눌림으로 촉이 트고
발아發芽하고 싹이 터 꽃 대궁 밀어 올린 환한 꽃
신 새벽 맑은 눈빛 되어 반짝이고 있구나

장수가 짊어질 커다란 붓이 되어
뜨겁게 풀무질 해주는 나래시조 벌 밭에서
씨앗과 씨 톨이 되어 팍팍한 흙 두드렸다

혈맥血脈의 얼 부여잡고 앞서거니 뒤서거니
저마다의 발자국들 쇠기둥 축軸으로 박으면서
축적된 흔적을 모아 새 지평地平을 열고 있다

펼쳐라, 꿈

심장이
찢어져도
발길만은 내뻗어라

향해 걷는
저 길은
나에게 주어진 길

올곧게
뿌리 순 내려
우뚝 서야 할 나의 생生.

빛, 문을 향하여

궤적을 긋는다 이어주는 이음줄로
정도의 목소리 정결한 숨소리만
새롭게 열려야 할 바다, 밝은 세상 향하여

한 줌 한 줌 던지리 진실의 맥박 짚어
생의 마디 역경을 뚫고 뚫는 굴착음
불멸의 든든한 반석 널찍한 터 되고 싶어

칼날 같은 굳은 의지 시퍼렇게 세워놓고
쿵쿵 울려야지 깊이 잠든 지축을
환한 빛 문을 향하여 굽은 무릎 펴리라.

숙녀 1

흰 옷만을 입고 싶어
물줄기 혈청이야

훤하게 동트는 아침
동해에 짐 부리고

날마다 두 손을 뻗어
치켜드는 붉은 핏톨.

숙녀 2

현관문
나설 때면
신 끈부터 동여매는

백리 먼 산
바라보며
걸어가는 당찬 여자

항해 앞
빙산아 비켜라
힘찬 노를 젓는다.

간밤엔

웅크리고 잠만 잤다
세찬바람 불었어도
나무들 밤새 떨며
유리창을 흔들어도
걷던 길 부서질까 봐
가슴 꼬옥 움켜 안고

선하나 긋고 싶다
처음과 끝 맞닿는 선
사방이 블랙홀 뿐
어디에도 길은 없다
무응답 점으로 찍어
선하나 긋고 싶다.

키워라, 그득하게

기어라
언 땅 위를
아주 낮은 포복으로

견뎌라
매운바람
네 볼을 후려쳐도

견뎌라
받아들여라
화석처럼 굳을지라도,

다시 한 번

무던히 소란하던
즈믄 해 잔치 끝

뿌리를 못살게 군
모진 바람 폭풍한설

이른 봄
잔설 헤집고
피어나렴, 복수초야.

빈터

씨앗이 무엇일까 무엇을 뿌리실까

흙가래 타는 손길 궁금하지 않습니다

그대의 경작지 되어 뿌린 대로 거두는 나.

우리 사랑

사랑도 넘치는 일 넘치면 깨질 거야
조금은 모자라게 조금은 또 서운하게
언제나 그 정도까지만 채워주고 덜어내고

평범하게 느끼지마 육십억이 넘는 세상
그 많은 사람 가운데 당신을 만난 거야
소중한 인연이 얼마 터 잡아 사는 우리.

오늘도

억겁의 징검다리 건너뛰며 가고 있다
모체의 혈관 타고 굽은 등 펴 마련한 터
한 뼘씩 키 재기하며 명치 끝 치켜 올린다

이엉으로 엮으며 심장을 그려 넣고
여린 박동 불 켜질 때 생명체를 키워가며
탱탱한 젖무덤에 싸여 하늘의 별 움켜쥔 손.

숙녀야!

시도 때도 없이 불어오는 샛바람 속
시름시름 앓다가도 꼿꼿이 서야만 해
푸근히 웃는 하루엔 푸른 꿈이 서려있어

물줄기 하나 있어
마르잖은 역사의 강
수모마저 울어 삼킨
뼈마디의 부러짐도
아픔에 씻고 씻기면
청자 고운 하늘 빛

갈대는 늘 강가에서 서걱이며 꿈 다듬고
그 와중에 잎 날 세워 충천함이 길차잖아
오붓한 터전의 울 안 감싸 안는 수월래야.

삼월

삼월은 가슴마다 파문으로 번져왔어
기미년 퍼져가던 만세소리 외쳐 보자
닭 울음 여명을 쫓아 튕겨 오르는 빛 부심을

꽃 한 송이 피웠었지 총 칼 앞에 태극기로
칼날 같은 눈초리들 맨땅 위에 박아 놓고
선혈 꽃 기립 박수로 한 겨레 된 우리잖아

겨울의 긴 잠 끝 봄빛으로 깨어날래
울리는 종소리에 새 날의 문을 열고
앞뜰을 정갈히 쓸고 돗자리 펼칠 거야.

겨울앞에서

가을

멍석에 드러누워 몸 말리는 붉은 고추
싸리울엔 훈장덩이 덜렁이는 호박덩이
배추는 남새밭에서 속살을 찌우고 있다

가을 산 흘러내린 하늘자락 한끝으로
눈 오듯 피어나는 갈대꽃 춤사위 곁
넘치는 물결 사이로 일렁이는 황금벌판.

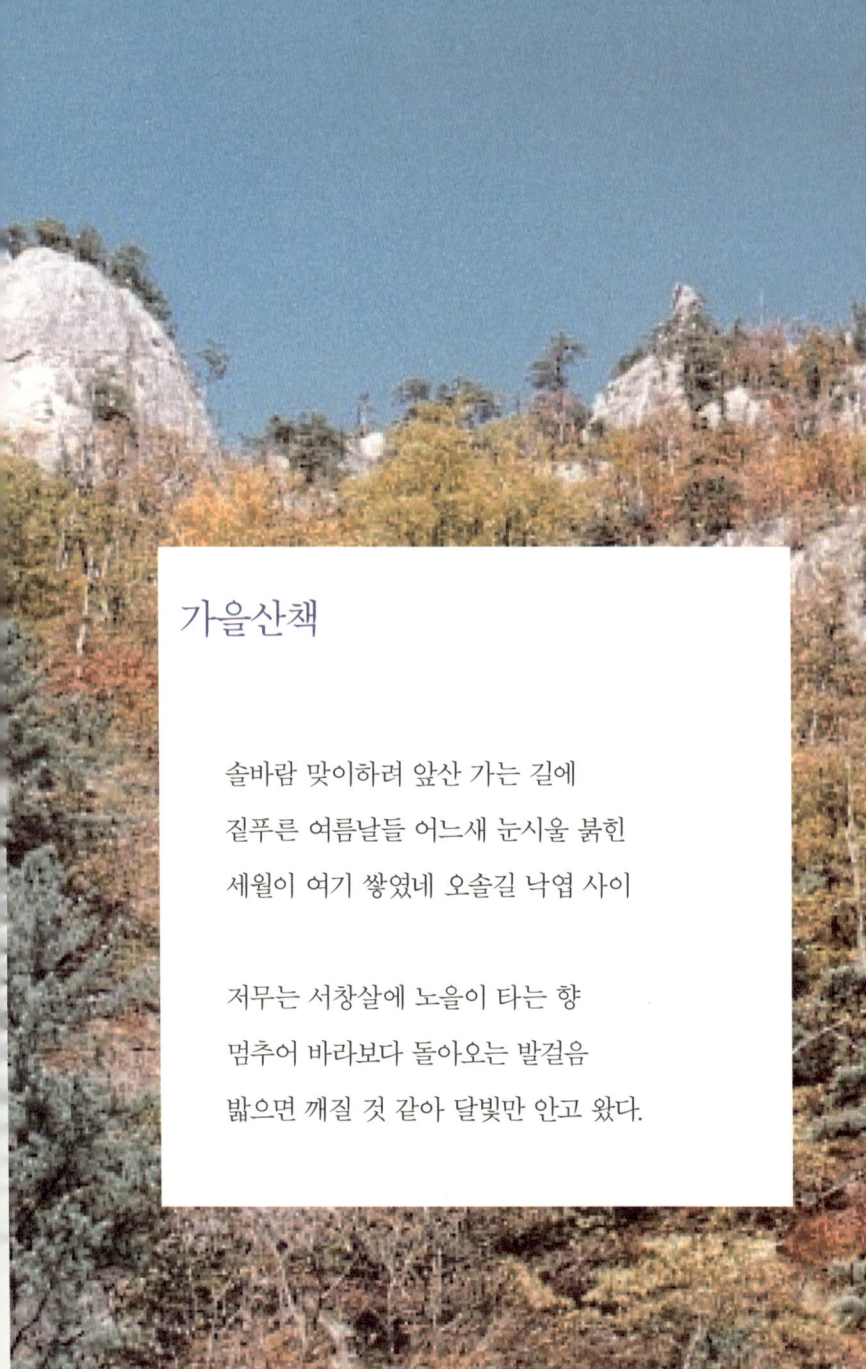

가을산책

솔바람 맞이하려 앞산 가는 길에
짙푸른 여름날들 어느새 눈시울 붉힌
세월이 여기 쌓였네 오솔길 낙엽 사이

저무는 서창살에 노을이 타는 향
멈추어 바라보다 돌아오는 발걸음
밟으면 깨질 것 같아 달빛만 안고 왔다.

가을 산

탄다
산자락
그 자락 끝에
나도 탄다

겁劫을 푸는 구름무늬
연꽃처럼 띄워놓고

때 아닌
꽃불에 닿아
나도 그만 타오른다.

옛집

고불고불 시골 길
찾아간 옛 집
비조산 동향 기슭 양지 바른 부암 마을
적막만 무성 하였네
아무도 없었네

뒤뜰엔 대나무 숲
윙윙대는 찬바람
무너진 토담 위론 이끼 낀 푸른 세월
구석진 외양간에는
녹슨 몰골 쇠스랑.

아버지

불거진 힘줄로 해를 번쩍 들어 올리시던
나무와 새와 숲, 풀잎들을 키워내던
건장한 당신의 팔뚝을 만져보고 싶습니다

앙상해진 갈비뼈와 점점 더 쇠약해진
이두박근 그 안에 풀 씨 몇 틔우셨지요
오롯한 생명체의 여식 당신 곁에 앉습니다

손때 묻은 사진첩 마무리고 돌아서는
맷돌을 돌리듯 되돌릴 수 있다면
환하게 웃던 그 모습 산으로 세웁니다.

어머니

동틀 무렵이면 부엌문 빗장 열고
차갑게 식은 가슴 아궁이에 불당기면
어느새 우리들 꿈들은 불덩이로 타올랐지

밥 짓던 내 어머니 상기된 두 볼 가득
그리움 피어올라 하얀 재로 흩날리던
아련한 기억 속 풍경 말간 숭늉 한 사발

흑백사진 앨범을 단숨에 넘겨보니
스쳐 지난 그 시절 시린 가슴 뜨거워져
그토록 허기진 마음 온기 가득 넘칩니다.

부암 富岩*

부암리
비조산에
바위로 박혀보세

역사의
언덕에서
먼 산을 바라보며

늙으막
시린 가슴에
모닥불 지펴야지.

*필자의 아호

이지향 李枝香

이토록 연緣이 깊어
꽃으로 필거야

지구가 둥글게 돌 듯
추를 따라 도는 바늘

향기를 가득 실어 봐
바다가 열릴 거야.

그제는

열린 바다 꽃 피우러 간
딸아이가 왔어요
이국만리 떨어졌던 시드니 호주에서
외따로
그리움덩이
키워왔던 내 딸 향이

달덩이로 떠올라요
보송한 젖가슴
어두운 강물 차고 하늘과도 부딪히며
보아요
틈을 비집고
솟아오른 향이에요.

꿈

푸른 향내 쏟아 놓곤
달아나 버렸어

봄 햇살로 일어선 들길
뒤따라갔지만

오월의 바람이었어
사랑니 몸살 앓는.

세월 1

어머니 머무시던 툇마루 야윈 햇살
골 깊은 이랑으로 우거져 누운 잡초
섭섭한 모두를 일러 세월이라 부르는가

갈래머리 까까중 소녀와 소년들이
내달리던 고샅길엔 낯선 그림자 뿐
내가 날 찾을 길 없어 방황하는 시간 밖.

세월 2

매무새도 가지런히 어머니 앉으셨던

골 깊이 패인 주름 세월이라 이르는가

추수를 마친 빈 들녘 홀로 우는 소슬바람.

까닭 1

계절이 누렇게 물드는 까닭
껍질을 벗어 던지고 알몸 드러냄이다
허울에 묻혀 사는 일 스스로도 싫기에
붉게 타다 스러짐은 자아를 연소하는 일
돌아오지 않는 시간 뒤돌아보지 말자
낙엽이 썩는 까닭은 뿌리 여기 있기 때문.

까닭 2

진초록 이파리들 무성하게 거느리고
아카시아 꽃향기는 해묵은 꿈을 키워
맴돌던 울 밖의 소망 끌어안는 그 까닭
사랑하는 그대는 어디로 날아갔을까
돌아오지 않는 시간 어디 갇혀 있을까
내 숲길 걷는 까닭은 말할 수가 없구나.

폭우

고리를 후려친다
안전장치 없는 연대

우뢰를 동반하여
후려친다 쓰러져라

쓰러져 무너져야 할 것들
남김없이 휩쓸어라.

거울 앞에서

머리를 빗습니다
가르마를 탑니다
헝클어진 마음 밭에 동백기름 바릅니다
어머니 쪽찐 은비녀 보름달로 환합니다.

보물1호, 숨터

이제 서야

앙상했던 가지마다
봄물이 물씬 올라

아프게 터지네
몽우리로 꽃으로

푸른 꿈 활짝 피우는
지명의 자락이여.

나목 裸木

팔뚝을 보세요
우람한 저 몸짓

알몸둥이 홀로 서서
견뎌온 엄동설한

꿈꾸며 다시 피워낼
뚝심 착한 질긴 목숨.

일주문 一柱門

오욕칠정
보따리
다 내려 놓거라

방랑의 날
끝냈으면
이제 발끝 들거라

오거라
들어 서거라
삼보에 귀의하라.

더하기 곱하기

제 몸뚱이 파 헤쳐 풀뿌리를 감싸 안는
흙을 보아
얼마나 눈물겨운 사랑이니
풀뿌리
악착스레 당겨
뿌리 순 뻗게 하는

가느다란 실뿌리로 돌 더미를 밀어내는
풀을 보아
얼마나 갸륵한 사랑이니
흙 한 줌
끌어안은 채
집 한 채 짓고 있는.

2월 엽서 1

뼛속 시린
얼음장
소리 내어 웁니다

불면의 긴 밤 쩌억쩍 갈라져

영혼의
깊숙한 골짜기
환한 창 열립니다.

2월 엽서 2

깨어날 생명들이
뒤척이는 뜨건 몸짓
차디찬 얼음덩이 굴착하는 산울림에
개울가 버들강아지
터지는 눈웃음 좀 봐

찬바람 희끗희끗
도망치는 뒷걸음질
시샘의 꽃샘추위 받아 쳐 직립하며
햇살과 어우러진 몸살
움 틔우는 부활을 봐.

겨울 풍경

앙상한 나뭇가지 바람 숭숭 까치집
팽이 치는 조막손들 솔솔 뿜는 입김들이
깊은 잠 어둠을 녹여 하얀 꽃을 피운다.

고사리

7부 능선 허리쯤 칭칭 감긴 칡넝쿨
그 사이 고수머리 구부정히 비틀려
청복의 햇살 움켜쥔 채 함초롬히 웃고 있네

힘겨워 어찌 견뎠니 잔설을 녹이느라
울어도 시원찮을 웃음이 깊고 깊어
차라리 빈 바구니가 섭섭하지 않았다.

청국장

시골집 아랫목에 상전으로 자리했지
진득한 진을 모아 속으로만 삭혔는데
정겹고 구수한 나를 왜 모르고 싫어할까.

장날

흙냄새 고스란한 열무와 쪽파 몇 단
깊은 산골 청솔 향 물기 밴 참 고사리
멀뚱히 파도 그리는 고등어랑 갈치 조기

강냉이 쌀과 콩 펑펑 튀기는 저 소리에
가위 소리 엿장수 장단까지 맞춰주면
넘치는 막걸리 판에 사돈끼리 어깨동무

매콤한 저녁연기 사립문 열어줄 때
반가운 저 목소리 시아버님 목청이네
묻어온 시오리 넘어 눈물 나는 친정소식.

지금은 생리불순, 그러나

가져봐 아이 하나
건장하고 튼실한

급류처럼 범람하는 내 속의 양수를 봐

물살을 치고 오르며
비상하는 꿈을 꿔봐.

비무장 지대

누구나 닿고 싶은 청정지역 DMZ
철책은 겹겹이 가시망을 둘렀지만
끝없는 굴착임 소리 멈출 수는 없는 거다

무디어진 곡괭이라 탓 말거라 멈추지마
아직은 닿지 못한 사유의 갱도지만
수만 톤 파내다 보면 몇 조각 금 나오겠지

꽁꽁 언 허벅지는 하복부를 부풀린다
굳은 각질 벗어지고 세포마다 피가 돌아
들풀은 푸른 줄기로 꽃대궁을 세울 거다.

견뎌봐, 시인의 가슴으로

태풍이 불어와도 찢기지마 문풍지

대들보 서까래가 의지하며 엮어온 길

견뎌봐 갈등과 파열

시인詩人의 가슴으로.

국민 문화유산 보물1호
—숨 터 조견당*

추녀 끝 뭉친 햇살 펼치면 역사의 장^{場}
퇴락이 글썽이는 뜰인들 긴 탑돌이
혈통을 안고 누워서 구르는가 꿈꾸는가

천년 꿈 배인 자락 물빛도 다사로워
기왓장 사이사이 잡초로 돋고 지며
이백년 이어온 고택이름 대들보로 세웠다

오뉴월 소쩍 울음 한 웅 큼 쥐고 와서
굽은 산허리에 쏟아놓는 들국 향기
걷다가 뒤돌아봐도 아 여기는 내 삶의 터

어느 해 가뭄엔가 무너진 논밭두렁
꿈꾸듯 일어서서 받쳐 든 하늘가에
우리들 생애를 펼친 주천강의 목울음 소리

가려다 되돌아서 발붙인 산새들아

둥지에 남은 온기 여명으로 풀어내면
조건당 청·적·황·백·홍 이름을 너와 함께 부르리니

분분히 날리던 무성한 말들 가슴팍에 문신하고
동강난 상처마저 손등으로 문지르며
어둠 속 숱한 날들은 청사로나 엮겠다

* 문화유산 보물 1호 지정식 : (류)예술단 〈바람칼〉 공연
 ─2016년 10월 21일 저녁 6시, 광화문 아트홀에서

강원정도 江原定都 600年

강릉에서 원주까지 창해의 깊푸른 물
퍼 올려 씻은 뼈대 봉우리로 하늘 마주
해 돋는 아침을 열어 온 천지를 밝히느니

지구촌 끄트머리 고깔보다 고운 표고
태백으로 울타리 쳐 설한풍 바람막이
육백 년 닦아 온 삶터 영원토록 푸르거라.

한 해를 보내며 A-dieu

버둥거려 보았지만 새날이 밝았다고
두 손을 잡아끌고 맞으라 합니다
난 아직 마무리 지을 페이지가 남았는데
겹겹이 얼어붙은 마음도 녹여야지
서로 녹일 인정은 볕살을 바라는데
입김은 멀리도 숨어 잠든 척입니다.

연하장을 띄웁니다

새해 첫 날 새 아침 신 새벽 먹을 갈듯
밤처럼 깜깜한 가슴을 밀고 밀어
안녕을 물어 봅니다 묵향을 띄웁니다

네 귀를 맞추어 종이를 접습니다
고르게 반듯하게 나누는 가르마로
단단한 아귀를 맞춰 흰 안부를 올립니다

정유년 새해에는 하시고자 하는 일들
뜻대로 이루시고 늘 건강하시고
또 한해 복 누리소서 즐거운 일 넘치소서.

해설

아름다운 다가섬의 미학
―천숙녀 시세계

권갑하 시인

1

어쩌면 우리 모두는 '유명有名'해지기 위해 오늘도 동분서주하고 있는지 모른다. "호랑이는 죽어서 가죽을 남기고, 사람은 죽어서 이름을 남긴다"는 속담도 유명해지고픈 인간의 욕망을 대변한다. 남을 시기하고 미워하고 폄하하고 주먹이 올라가고 마침내 목숨을 거는 일 모두가 이 '유명'해지고자 하는 욕망 때문이 아니고 무엇이겠는가. 아무리 세상을 등지고 초연하게 살려고 하는 사람이라 하더라도 그의 내면 깊숙이 유명해지고픈, 이름을 남기고픈 욕망이 사라졌다고 말할 수 있는 사람은 많지 않을 것이다. 그러나 장구한 우리 인간사를 반추해볼 때 이름을 남긴다는 것은 결코 쉬운 일이 아니다. 뭔가 특별하지 않고는 자신의 존재를 기억해 줄 사람이 세상에는 그리 많지 않을 것이기 때문이다.

너!
커다란 불덩이로 우뚝 솟더니
망망의 바다 천고의 풍랑 속에 깊이 깊이 두발 딛고
민족의 자존을 지켜주는 혼魂불 되어
한반도의 든든한 뿌리로 버티고 섰구나
홀로이지만 홀로가 아닌, 의젓하고 분명한 너의 실체
영원부터 영원까지 함께 할 우리의 전부인데
솔개 되어 노리는 저 건너편 섬나라는
네 영혼 멸살滅殺하려는 망언 끝없구나
그들은
독도인 너를 보고 죽도竹島라 억지 쓰며
바다 밑 뿌리로 이어진 맥맥脈을 도끼질하고 있다
숯덩이 같은 마음들이 너를 탐하고 있는 거다

그러나 독도야!
저 푸른 융단 아래로 두다리 뻗거라
백두대간 혈맥을 따라 성인봉 체온이
네 혈血에 닿아 있다
한반도의 흑진주 빛남으로 태어나라
다시 태어나라
천만년 왜구 침탈侵奪에 뻥뻥 뚫린 숱한 가슴
헐고 상한 네 핏줄의 섬
이 땅의 바람막이로 피골상접한 너를

이제 외로운 한 점의 섬, 섬으로 두지 않겠다
내버러두지 않겠다

붉게 붉게 용솟음치는 망망대해 살붙이로
등줄기 쓰담으며 숱한 선열先烈들의 희생 탑 아래
의용수비대 사투死鬪로 다시 서겠다
저 밤낮없이 자맥질하는 물보라를 보라
뭍을 향해 손짓하는 우리 모두의 피붙이를…
저기 동도와 서도 사이
진홍의 해가 이글이글 솟는다
보아라
한반도의 우리들은 너를 보며 꿈을 꾼다
수 천년 수 만년 이어갈 역사의 안위를 배운다
절절 끓어 넘치는 용광로 사랑
나라 사랑을 배운다
이제 우리 모두
참된 의미의 국권이 무엇인지 돌아보리라
태평양을 지향하는 최일선의 보고寶庫인 너
기상과 희망을 심어주는
대대손손 독도 너를
영원까지 메고 가야 할 우리 몫의 자존임을
생존이고 희망임을 잊지 않겠다
한반도에 흐르는 냉기류를 걷으리라

한반도의 첫 해맞이 곳 너 일번지를
우리 정신精神의 모태母胎인 너 그 이름 독도를
우리 민족의 가슴에 깃발 내 걸겠다
깃발 펄럭이겠다.

—「평화의 섬, 독도」전문

 천숙녀 시인은 '독도시인'으로 '유명'한 시인이다. 그만큼 독자들로부터 사랑을 받고 있다는 점에서 부럽다. 독도가 한·일간 중요한 이슈로 등장하기 오래 전부터 천숙녀 시인은 '독도사랑운동'의 대열에 동참해 왔다. 전 국민 서명운동에 앞장섰으며, 독도시를 써 기회 있을 때면 당당히 그의 장시 '평화의 섬, 독도'를 낭송한다. 사람들은 다들 그 긴 시를 글자 한 자 틀리지 않고 외우는데 우선 입을 벌리지만, 구절구절 담겨진 그의 독도사랑의 조국애는 듣는 이를 숙연하게 만든다.

 어떤 개인적 이익이 없음에도 그는 독도사랑을 묵묵히 외치고 있는 것이다. 잠시도 쉬지 않는 뜨거운 에너지의 소유자란 점을 생각해볼 때 독도사랑의 전파자로서 그의 활동은 분명 큰 의미를 갖고 있다 할 것이다.

 그는 한민족독도사관韓民族獨島史觀 연구소를 운영하고 있다. 우리의 고유한 영토 독도를 포함하여 영토수호문제의 왜곡된 역사를 바로잡는 활동을 전개하고 있는 민간 연구소의 관장이기도 하다.

주부이자 여성으로서 쉽지 않았던 발걸음이다. 뿐만 아니라 그는 직업여성으로 끊임없이 자신의 세계를 개척해온 남다른 이력의 소유자다. 여전히 여성의 사회 활동이 쉽지 않은 현실 속에서 제조업 사업가에서 인터넷 분야 기업의 CEO, 그리고 시인과 수필가로 그가 개척해온 분야는 가히 입지전적인 면을 보여주고 있다. 특히 돋보이는 것은 그가 활동해온 분야가 하나같이 쉽게 이뤄내기 어려운 창조적인 분야라는 점이다. 어떤 일이든 몸을 던져 최선을 다하는 그의 집요함은 끊임없이 용솟음치는 내면의 에너지로 말미암은 것이겠지만, 그러나 그것으로 다 설명될 수는 없을 것이다. "내 삶은 내가 디자인 한다"는 삶의 철학과 어떠한 여건 하에서도 좌절하지 않고 희망을 일궈내는 그의 들풀 같은 의지야말로 그가 악조건 하에서도 무無에서 유有를 창조하는 힘의 원천이 아닐까 싶다.

그런 의지와 정신은 그가 바쁜 일과 속에서도 '풀꽃시인'으로 새로운 장을 개척해온 데서도 읽을 수 있다. 그는 시간이 나면 산과 들을 찾아 아름다운 우리 들풀과 꽃들을 뜯어 책갈피에 말리고 시를 적어 가까운 사람들에게 선물해오고 있는 것이다. 이 얼마나 아름다운 사랑의 실천인가. 특히 그가 예쁘게 코팅해 건네는 행운의 '네 잎 크로바'는 받는 이를 감동시킨다. 바쁜 시간을 내어 풀꽃을 뜯어 곱게 펴서 말린 뒤 자필로 시를 써 하나의 완성된 선물로 건네지기까지의 정성이란! 그 정성 앞에 감동하지 않을 수 있는 이 그 누구이랴. 치열한 생존경쟁과 삭막하기 이를

데 없는 현실 속에서 풀꽃을 뜯어 말려 선물로 건네는 이 부드러운 '여성성'이야 말로 천숙녀 시인이 만들어내는 진정한 힘의 본질이요, 감동의 원천인 것이다. 어쩌면 이 점이 또한 그를 '유명'하게 만드는 남다른 점일지 모르겠다.

그렇다면 천숙녀 시인의 삶 속에서 나타나는 이러한 무늬들은 어떻게 시로 형상화되어지고 있는 것일까. 시가 시인의 정신세계를 비추는 거울이라는 점을 생각해볼 때, 현실 삶에 견주어 시인의 시를 읽는 재미 또한 쏠쏠할 것이란 생각이 든다.

2

천숙녀 시인은 우선 남다른 '자기극복 의지의 시인'으로 읽힌다. 이는 자신 내면으로의 다가섬을 통해 어떠한 여건 속에서도 희망을 잃지 않고 꽃을 피워 올리는 인동의 시학을 담고 있다. 이러한 자기극복 의지는 이 시집 전체를 관통하고 있으며 천숙녀 시를 이해하는 중요한 키워드로 작용한다. 둘째, 천숙녀 시인은 '인연의 시인'이다. 이는 밖의 세계로의 다가섬이다. 자기극복 과정을 거쳐 밖의 세상으로 나아감에 있어 시인은 건강한 인연을 꿈꾼다. 마지막으로 천숙녀 시인의 시세계는 보다 열린 세계, 행복 공간을 지향하고 있다. 이는 자기 극복과 건강한 만남을 통해 아름다운 가정, 통합의 세계로의 지향을 의미한다. 그런 점에서 천숙녀 시인은 미래를 일궈 가는 희망의 시인이다.

칼바람

가라앉혀

쇠기둥 세우는 일

푸른 연緣

키워야 할

모태의 어미 무릎

벌겋게

타올라야 할

밑불인 까닭이야.

―「중심(中心)」 전문

 천숙녀 시에서 '밑불의식'을 읽어내는 것은 소중하다. 밑불이란 무엇인가. 언젠가 불타오를 희망의 씨앗이다. 그 어떤 난관 속에서도 안으로 불씨를 다독여 언젠가 자기 의지대로 뜨겁게 불타오르고자 하는 극복의지가 그 속에 담겨져 있다. '밑불'은 그런 점에서 '중심中心'과 같은 말이다. 그러나 중심으로 다가가는 일은 뼈를 깎는 자기 성찰이 요구되는 고통의 여정이다. 내면을 향한 자기 성찰의 눈빛이 깊으면 깊을수록 밖으로 피어나는 세계는 더욱 환희로 빛난다.

 '중심'을 향한 진정한 자기 자신과의 만남은 밖의 세계로 나아가기 위한 내공 쌓기이고, 자기 극복의 과정이다. 참된 자아의 발견 없는 밖으로 나아가기는 모래성을 쌓는 일과 다를 바 없다. '중심'의식은 이처럼 칼바람에도 흔들리지 않는 쇠기둥을 세우는 일이며, 모태의 어미 무릎인 영혼에 깊이 뿌리를 내리는 일이다. 그 '중심'이야말로 꺼지지 않고 타오를 생의 '밑불'이며, 어려움을 견뎌내고 마침내 꽃을 피워 올릴 자기 극복의 불씨인 것이다.

    기어라
    언 땅 위를
    아주 낮은 포복으로

    견뎌라
    매운바람
    네 볼을 후려쳐도

    견뎌라
    받아들여라
    화석처럼 굳을지라도.

—「키워라, 그득하게」 전문

이러한 자기극복의지는 "깊은 잠 어둠을 녹여 하얀 꽃을 피우는"「겨울풍경」, "물살을 치고 오르며 비상하는 꿈을 꿔봐"「지금은 생리불순, 그러나」, "이른 봄 잔설 헤집고 피어나렴, 복수초야"「다시 한 번」 등 천숙녀 시편 곳곳에 배어 있다. 그렇다면 이러한 뼈를 깎는 자기극복 의지는 어디에 그 뿌리를 두고 있는 것일까.

    태풍이 불어와도 찢기지마 문풍지
    대들보 서까래가 의지하며 걸어온 길
    견뎌봐 갈등과 파열
    시인의 가슴으로.
                      —「견뎌 봐, 시인의 가슴으로」 전문

바로 겨울 혹한을 물리고 아름다운 꽃을 피워 올리는 봄바람 같은 '시인의 가슴'이다. 그렇다면 시인의 가슴은 또 어떤 것일까. 여린 듯하면서도 강하고, 강한 듯하면서도 부드러운, 바로 그런 것이 시인의 가슴 아닐까. 그러한 시인의 정신은 한 단계 더 심화 과정을 거쳐 '들풀' 의식으로 승화된다.

    흙먼지에 지쳐버린
    길섶 들풀 질경이

    쏟아 붙는 빗줄기에 녹향을 키우더니

    어느새 곧추선 몸짓

하늘 가득 일렁이네

— 「들풀1」 전문

　김수영은 「풀」이라는 시에서 "바람보다도 더 빨리 눕고, 더 빨리 울고, 바람보다도 더 먼저 일어난다"면서 풀의 강인한 생명력을 노래한 바 있다. 천숙녀 시인은 「들풀」 연작시편에서 '쓰러지지 않는' 들풀 의식을 더욱 강렬하게 이미지화 하고 있다. 흙먼지에 지쳐 쓰러지지만 어느새 곧추서서 하늘 가득 일렁인다는 시적 인식은 그 어떤 어려움 속에서도 마침내 일어설 것이라는 강렬한 자기극복 의지와 '하늘 가득 일렁일' 희망을 보여주고 있다.

　안으로 다가서는 자기극복의 내공 쌓기를 통해 시인의 의식은 이제 조금씩 밖의 세계로 향한다. 겨울 혹한을 이겨낸 초목들이 새 잎과 꽃을 피워 올리듯 이제 그가 세상을 향해 내놓는 눈빛은 맑고 밝으며, 손길은 따뜻함으로 넘쳐난다.

그래 그래 봄이 왔어
뜨겁게 뭔가 돋아
뿌려주는 씨앗들을 맹렬히 삼키잖아
피톨과 핏줄이 모여 요동치고 있잖아

— 「묻어야지 씨앗」 첫째 수

　봄을 맞는 그의 가슴은 알을 깨고 부활하는 한 마리 새처럼,

어둠을 걷고 새날의 기운으로 뜨겁게 용솟음치는 아침 해처럼 주체할 수 없는 신생의 에너지로 넘쳐난다. 그 동안 암울하기만 하던 상황들이 아무렇지 않게 느껴지며 좀체 풀릴 것 같지 않던 일들도 안개 걷히듯 말끔히 사라진다. 그러기에 힘차게 문을 나서는 그의 출발에는 무엇 하나 거리낌이 없다.

여태껏 억눌려
안으로만 삭힌 울음

미움은 탈탈 털어
가다듬고 나서리라

눈물길 맑게 지우며
홀홀 털고 떠나리라.

—「나, 이제」전문

현관문 나설 때면
신 끈부터 동여매는

백 리 먼 산 바라보며
걸어가는 당찬 여자
항해 앞

빙산아 비켜라

힘찬 노를 젓는다.

―「숙녀2」 전문

"심장이 / 찢어져도 / 발길만은 내뻗어라 // 향해 걷는 / 저 길은 / 나에게 주어진 길 // 올곧게 / 뿌리 순 내려 / 우뚝 서야할 나의 생"「펼쳐라, 꿈」 전문. 이제 그에겐 올곧게 뿌리 내려 우뚝 서야겠다는 의지만이 가득 넘쳐난다.

밖의 세상으로 나아감에 있어 시인에게 가장 소중한 화두는 '아름다운 만남'이다. "평범하게 느끼지만 육십억이 넘는 세상 / 그 많은 사람 가운데 당신을 만난 거야 / 소중한 인연이 얼마 터 잡아 사는 우리"「우리 사랑」 둘째 수에서처럼 그 무엇보다 만남의 중요성을 환기시킨다. 이러한 만남의 철학 속에서 시인은 마침내 '건강한 인연'의 시학을 만들어 낸다.

힘이 되는
당신은
건강한 인연입니다.

꿈을 주는
당신은
소중한 인연입니다.

한 방울

이슬 같은 인연

생각하면 눈물이 납니다.

―「건강한 인연」 전문

  밖으로 나아가는 세상에서 시인은 무엇보다 '건강한 인연'의 소중함을 깨닫는다. '한 방울 이슬 같은' 인연이기에 '생각하면 눈물'이 나는 것이다. 고난과 상처를 겪어보지 않은 사람은 쉽게 이르기 어려운 깨달음의 세계요, 진정으로 눈물의 맛을 아는 경지다.

  천숙녀 시인은 이와 함께 "미래를 일궈 가는 희망의 시인"으로 읽힌다. 안으로의 다가섬을 통해 좌절하지 않는 '들풀'의 세계로까지 나아갔던 시인은 밖으로의 나아감을 통해 아름다운 만남, 건강한 인연의 소중함을 깨닫는다. 그러한 깨달음 속에서 이제 시인은 진정으로 자신이 일구고자 하는 희망의 세계, 행복한 조화로움에 다다르고자 하는 것이다.

  시인은 현재 인터넷 홈페이지 분야 회사 CEO로 일하고 있다. 컴퓨터나 인터넷에 익숙하지 않은 50대 후반 주부로서 역량을 발휘하기 어려운 첨단 영역에서 자기 세계를 새롭게 개척해 나가고 있는 것이다. 자기극복의 인고 과정과 건강한 인연의 소중함을 깨닫는 과정이 없었다면 다다를 수 없는 세계다. 아무리 좋은 기회가 온다 해도 준비가 되어 있지 못하면 얻을 수 없는 것은 세상의 이치 "궤적을 긋는다 이어주는 이음줄로 / 정도의 목소리 정결한 숨소리만 / 새롭게 열려야 할 바다, 밝은 세상 항하여"「빛, 문을 향하여」첫째 수 어려운 시대에도 안으로 자신을 갈고 닦으며 지축을 쿵쿵 울려온 결과인 것이다.

앙상했던 가지마다
봄물이 물씬 올라

아프게 터지네
몽우리로 꽃으로

푸른 꿈 활짝 피우는
지명의 자락이여

—「이제서야」 전문

지천명의 나이에 이르러 당당하게 푸른 꿈을 활짝 피우는 시인의 모습은 아름답다. 그는 자신이 하는 일에 애정이 무척 강한 시인이다. 그 숱한 어려움 속에서도 희망을 잃지 않고 신고의 계절을 견뎌올 수 있었던 것도 이처럼 자신이 하는 일에 열정과 애정이 남달랐기 때문이리라. 그것이 없었다면 어쩌면 오늘의 '시인 천숙녀'는 없었을는지 모를 일이다.

3.

 개괄적으로 천숙녀 시인의 시세계를 살펴보았다. 누구보다도 뜨겁고 치열하게 살아오고 있는 그이기에 그의 시에는 그의 삶의 철학과 정신세계가 고스란히 녹아 있음을 확인할 수 있었다. 한마디로 그의 시세계는 끊임없는 '다가섬의 시학'으로 요약할 수 있다. 기다리는 삶이 아니라 적극적으로 도전하고 이뤄내는 도전과 실천의 시학이다. '다가섬'이란 무엇인가. 그것은 사랑의 역동적 표출이다. 뜨거운 사랑 없이는 그 무엇에도 다가설 수 없으며 설사 다가간다 해도 꽃을 피울 수 없는 법이다. 천숙녀 시인의 이러한 '다가섬'의 시학은 중심, 바로 밑불에 그 뜨거운 뿌리를 두고 있다.

 이러한 '다가섬의 시학'은 우선 안으로의 자기극복을 지향한다. 이는 자기발견의 여정이요, 고난을 이겨내는 인동의 과정이다. 숱한 난관 속에서도 결코 좌절하지 않고 일어서는 '들풀'의 시학인 것이다. 내면을 향한 이러한 자기극복 의지는 그의 시의 바탕을 이루는 핵심 키워드라 할 수 있다. 둘째는 밖의 세계로의 '다가섬'이다. 자신의 발견, 자기극복 과정을 거쳐 이제 시인은 타자와의 만남으로 나아간다. 여기서 시인은 '건강한 인연'의 소중한 가치를 깨닫는다. 혹독한 겨울을 견딘 자만이 만날 수 있는 봄의 환희와도 같은 인연으로의 승화다. 마지막으로 '다가섬'의 시학은 미래의 희망으로 향한다. 그것은 행복한 세상 만들기이다.

이렇게 천숙녀 시인은 자신의 삶과 시가 하나로 어우러지는 생명력 넘치는 시세계를 개척해 오고 있다. 시인으로서 '독도사랑'을 실천하면서 풀꽃으로 사랑을 전하는 감동 전파자로, IT분야 기업의 CEO로 향기 나는 삶을 개척해 나가고 있는 것이다. 삶이 곧 시요, 시가 곧 삶인 이러한 그의 남다른 시세계가 새로운 세계와의 만남 속에서 더욱 아름답게 꽃 피어나길 기대해본다.

- 1958년 경북 문경 출생
- 시인. 문화콘텐츠학 박사
- 1992년 〈조선일보〉〈경향신문〉 신춘문예 당선 등단
- 2011년 동시조 〈비오는 날〉 초등학교 5-1 국어교과서 수록
- 중앙시조대상 등 수상 다수
- 시집 〈아름다운 공존〉〈누이감자〉 등
- 평론집 〈현대시조 진단과 모색〉 등
- 기타 〈농협 이야기만 나오면 나도 목이 메인다〉 등 출간

현직
- 농협중앙회 도농협동연수원장
- 한국문인협회 시조분과 회장
- 한국시조시인협회 부이사장

- 계간 〈나래시조〉 발행인
- 〈현대시조 아카데미〉 원장
- 〈문경새재 여름시인학교〉 교장 등

전직

- 농협대, 한양대 겸임교수
- 농민신문사 논설실장

축하의 글

풀꽃시인 천숙녀, 독도시인 천숙녀

청경聽經

　천숙녀 시인은 가정을 이루고 난 뒤, 세상과 타협하며 문단의 세계로 뛰어 들었다. 통기타를 치던 열여섯 살 소녀는, 동구 밖 솔밭에서 자연과 어우러진 문학의 세계를 여행하기 시작한다. 자연의 조화와 질서에 지배를 받는 인간의 그 무엇을 찾을 것 같은 감수성을 일찌감치 드러내 보인다.

　문경군 산양면 부암리 비조산 자락에서 태어난 시인은 어려서부터 매일 기록한 전지 한 장 크기에 쓰던 일기가 있다. 앳된 소녀의 사고思考라기보다는 차라리 세상에 알려지지 않은 문학인의 씨앗을 품어 키우고 있었다. 그것은 아마도 생명을 살리며 삼대를 이어온 한의원의 가풍에서 물려받았을 것이다. 유교를 중시하는 유학자 아버지의 귀한 늦둥이 막내딸의 남다른 사랑과 애정이 일찌감치 감성이 풍부한 문학도의 길로 들어서게 한 것이다. 늦둥이로 아버지의 애간장을 더 태워드리던 끼 많은 소녀의 높은 자유도가 이미 세상으로 돋아날 움을 틔우고 있었던 것이다. 한의원을 운영하셨던 부유한 부모님 덕택으로 인생의 자유와 순리의 여유로움이 소녀를 일찍부터 문학세계에 깊숙이 빠져들게 한 것이다.

시인은 일상의 생활과 자연의 현상을 존재의 실감적인 표현들로 끌어당겨 시를 빚어내고 있다. 시인의 시상 세계를 자연의 법칙에 따른 우주의 순리와 생명의 순화를 이루는 자연에의 조화와 질서를 느낄 수 있도록 더욱 간결한 실감과 정감으로 요약하고 있다. 선천적으로 타고남과 후천의 노력이 살아온 환경과 함께 잘 다듬어져 표출되고 있다. 시인은 관용으로 압축하여 탄생한 간결한 문장의 표현들이 그 풀어헤칠 비유가 모자라기 조차하여 차라리 철철 넘쳐흐른 사상의 풍요를 느끼게 한다

시인은 항상 속도를 강조하고 있다. 과거나 미래나 속도는 선진을 좌우한다며 독자와의 만남도 발로 뛰는 만남으로 부족함을 피력하고, 인터넷 그룹웨어로 속도에 의한 정보를 소통하고 있다. 정보의 발생자가 정보의 수용자에게 전달까지 하여야 하는 작가들의 숙제를 선견의 감으로 일찌감치 해소한 것이다.

천숙녀 시인을 '풀꽃시인'라고 부른다. 아름다운 자연을 느끼게 하는 것은 시인에게는 평화가 있고 시인의 세계에는 우주의 질서와 생명의 조화가 있기 때문이다. 시인은 꽃잎, 풀잎 하나하나의 생김새가 서로 어울려 한 송이의 꽃이 되고, 줄기를 통하여 대지에 뿌리를 내리는 자연의 질서와 조화를 글 세계로 들여왔

다. 맑은 햇살을 받은 고운 풀꽃들이 봄, 여름, 가을 한나절의 유유함에 놀다 사라짐을 아쉬워하며 문학과 자연의 조화로 맺어준다. 푸른 잎으로 꽃 봉우리를 에워싸 떠받치던 하늘을 향해 목줄기를 길게 뻗은 햇빛 바라기들에게 생명을 불어 넣는다. 찬 겨울이 와도 봄, 여름, 가을을 내려 앉힌 글속의 풀밭을 가꾸는 풀꽃시인인 까닭이다. 풀잎, 꽃잎 하나하나의 생김새는 온전함을 이루는 조화와 질서의 극치다. 대자연의 섭리를 알고 있는 그리움이 시인의 글속에 있고, 그 사랑함을 눌러 앉힌 풀밭 글속에 있다. 비바람에 꺾어진 풀꽃들 찢어져 흩어지는 아픔들이 삶에 의한 자연의 작품들과 다를 것이 있겠는가? 여기에는 벌레에 갇힌 나뭇잎들의 순응하는 자세에서 우리의 삶을 돌아보는 여유로움도 시인은 우리에게 선물하고 있다.

천숙녀 시인을 '독도시인'이라고 부른다. 천숙녀 시인은 대한민국 고유의 영토 독도를 사랑하는 국민 모두를 위한 사설 역사문화연구소를 20여년 동안 사비로 운영해오고 있다. 독도를 지키고 사랑하는 후손들에게 이 시대를 살아가는 사명으로 다가서도록 먼저 실천하고 있다. 영토주권을 온전히 물려줄 수 있는 즐거움을 공유하고 있다. 독도를 사랑하는 사람들과 평화의 섬을 문화예술 역사의 광장에 나들이 시키고 있다.

참역사가의 눈으로 어우러져 이 시대의 삶을 느낄 수 있는 공간을 창조하고 문화예술과 역사가 함께하는 소중한 시간들을 조각하여 아름다운 주합宙合을 세우기 위한 노력을 하고 있다.

문화예술과 함께 독도수호 국민운동의 지평을 열고 있어서 독도시인이라 부른다.

천숙녀 시인은 한민족독도사관을 설립하고 독도사랑 국민운동을 문화,예술,체육으로 이 땅의 주인이 될 후손들을 바라보며 즐거움 가운데 애국심을 함양하는데 노력하고 있다. 미래역사 속으로 오늘의 역사를 만들어 가는 길을 트고 실천을 노래하는 시인이다. 독도사랑에 몸담은 천숙녀 시인은 독도가 조선의 땅이라고 하면서 일본 국가가 스스로 자백한 1877년 '일본국가주도 시마네현 지적고시사업 태정관지령1877년'과, 국제사회가 명령을 내린 일본국가 지경명령 '연합군최고사령부 명령677호SCAPIN 677호-1946년'와, 1900년10월25일 '대한제국칙령 제41호 반포1900년10월27일 관보에 등재'에 관한 역사적 진실 세가지는 최소한 한국인으로는 꼭 알아두어야 중요한 사항이라고 강조하고 있다. 시인은 과거 일제강점기 잔악했던 일본인들에 의한 압제의 증거들을 찾아 정리하며, 한·일간 역사인식의 문제를 바로 잡아가는 큰길을 걷고 있기에 독도시인이라 부른다.

천숙녀 시인이 가는 곳에는 민족의 애환을 영토수호 의지로 승화시키고 있으며 국민염원들을 모아 단합된 분위기와 축제의 장으로 열어가고 있다. 날로 고도화하여 치밀한 책략을 앞세우는 일본의 망동에 한민족의 문화예술 혼魂을 되살리면서 '독도수호운동'을 선도히며 평화를 노래하는 독도시인이다.

천숙녀 시인은 한반도 대한민국을 너무나 사랑하고 있다. 이 땅을 사랑하며 자연과 인간의 근본된 도리를 사랑한다. 봄, 여름, 가을, 겨울의 순종과 유연함으로 이 땅의 정경을 빚어내고 있다. 우리 땅을 지키는 독도수호운동을, 평화를 지향하는 생명의 소중함으로 실천하여 역사적 시각으로 읽혀지는 글이 여기에 있다.

시인의 폭넓은 발걸음에서 자연의 법칙에 따른 우주의 순리와 생명의 순화를 표현하고 있다. 자연에의 조화와 질서를 더욱 간결한 실감과 정감으로 요약하고 있다. 천숙녀 시인의 마음속에서 무한히 취해가길 바란다.

- 지명사 연구회장
- 한민족독도사관 연구위원장
- 시조시인
- 크로스오버아트컬 (류) 예술단 단장